LE
SALON DE MONDOR.

Cet ouvrage se trouve aussi chez :

CORNEILLE, rue de la Feuillade, n° 4.
MONGIE aîné, Boulevard des Italiens, n° 18.
BRODIF, Boulevard des Capucines.
RAPIETY, Boulevard Montmartre.
LACOURIÈRE, Boulevard du Temple, n° 47.
Et chez tous les marchands de nouveautés.

DE L'IMPRIMERIE DE LACHEVARDIERE FILS,
SUCCESSEUR DE CELLOT, RUE DU COLOMBIER, N° 30.

LE

SALON DE MONDOR.

DIALOGUE

ENTRE DE GRANDS PERSONNAGES

SUR LES INDEMNITÉS.

Par M***.

Le peuple crie, danse, et paie.

PARIS,

PEYTIEUX, LIBRAIRE, GALERIE DE L'ORME;
PONTHIEU, LIBRAIRE, PALAIS-ROYAL;
DELAUNAY, LIBRAIRE, PALAIS-ROYAL.

1825.

LE
SALON D'E MONDOR.

DIALOGUE.

LE DUC, *entrant.*

Cher marquis, tu sais la nouvelle...?

LE MARQUIS.

Non, cher duc; j'arrive de la campagne, où j'ai passé huit jours avec Zoé, cette jolie danseuse de l'Opéra, que l'on disait malade dans tous les journaux.

LE DUC.

Apprends donc, cher marquis, qu'enfin la noblesse va reprendre une partie de son ancienne splendeur.

LE MARQUIS.

O ciel! est-il possible!... On va donc nous rendre nos biens : le moment est donc cependant arrivé! On nous a bien fait attendre; mais nous nous sommes toujours sacrifiés à l'intérêt général, et on ne nous en tient pas compte ! Que les hommes sont injustes ! Il y a dix ans que ce grand acte de justice aurait dû mettre fin à toutes nos discordes : cet acte eût ramené le calme dans toutes les consciences. Puisque tout rentrait dans l'ordre, nous aurions dû dès lors rentrer dans nos propriétés.

LE DUC.

Que dis-tu, cher marquis ? la chose est impossible ; elles sont trop divisées, elles sont passées en trop de mains ; cela ferait trop crier ; d'ailleurs nos lois s'y opposent, tu le sais.

LE MARQUIS.

Les lois s'y opposent ? bel obstacle !... La charte, vas-tu me dire ?... Eh ! n'avons-nous pas déjà refait quelques uns de ses articles. Ne pourrait-on pas regarder comme article réglémentaire cet article ix qui garantit la vente de nos biens ? car que dit cet article : « Les ventes des biens nationaux sont regardées comme inviolables. » Or, sont regardées comme inviolables veut dire, pour le moment, pour un laps de temps quelconque ; si l'auguste législateur avait entendu qu'elles fussent toujours inviolables, il aurait mis *seront*, au lieu de *sont*, expression qui ne peut rendre cet article ix obligatoire que pour un temps. Les circonstances seules où nous nous trouvions forcèrent notre bon roi à sanctionner des lois aussi injustes. Jamais cet article ix de la charte n'a été considéré par tous les bons esprits que comme un article temporaire, dicté non par la justice, mais par des circonstances impérieuses.

LE DUC.

Calme-toi, cher marquis ; on va nous donner des indemnités...

LE MARQUIS.

Des indemnités !... cette expression me révolte ! il s'agit bien d'indemnités. Nos biens nous ont été volés... la restitution doit être pleine et entière. Point de demi-justice ; tout ou rien. Cette loi qui nous dépouilla était juste ou injuste. Si elle était juste, on ne nous doit rien ; si elle était injuste, elle n'a pu, comme je l'ai déjà dit, être approuvée que par l'exigence des circonstances malheureuses où nous nous trouvions. Ces circonstances n'existant plus, cette loi doit être rapportée. Un commerçant honnête qui fait faillite, victime d'événements incalculables, et qui ne peut offrir pour le moment que le tiers ou le quart de ce qu'il doit à ses créanciers, se croit obligé par l'honneur à s'acquitter en entier lorsque l'état de ses affaires le lui permet ; cependant la loi ne lui impose l'obligation de payer que le tiers ou le quart, puisque ses créanciers ont souscrit à ces conditions : mais l'honneur parle plus haut que la loi au cœur d'un honnête homme !

LE DUC.

Tais-toi donc, marquis; prends-y garde, nous pourrions bien ne rien avoir. Prenons toujours ce qu'on nous offre, nous verrons après... la route une fois frayée... le temps fera tout; mais il faut de la patience : attendons tout des circonstances, elles nous serviront bien. Ne paraissons pas trop exigeants. Le petit Gascon tout courroucé disait hier, dans son salon, à quelqu'un qui lui objectait que son milliard réparti donnerait bien peu à chacun des émigrés, et qu'ils criaient tous contre cette demi-mesure : « Eh bien! s'ils ne sont pas contents, ces insatiables, » ils n'auront rien; et je saurai bien m'arranger de » manière qu'ils n'auront pas un sou par la suite. »

LE MARQUIS.

Mais ce petit ministre ne se rappelle donc pas que nous sommes en majorité dans les deux chambres, et que nous le précipiterons de son fauteuil si nous lui retirons notre appui; nous rejetterons ses lois; la faveur royale l'abandonnera, et notre auguste monarque accordera sa confiance à des hommes plus capables d'illustrer la France par leurs hautes conceptions... Des indemnités! quel esprit rétréci!... Et sur quelle base nous indemnise-t-on?

LE DUC.

Nous devons recevoir vingt fois la valeur de nos biens au moment de leurs ventes.

LE MARQUIS.

Vingt fois la valeur! ce n'est pas assez : moi, à qui on a volé deux cent mille francs de rente, avec mes quatre millions je ne me ferais pas maintenant cent cinquante mille francs de rente. Il faut qu'on nous donne trente fois la valeur de nos biens. Quelques centaines de millions de plus, ce n'est pas une affaire... Le peuple est habitué à payer; n'est-il pas fait pour cela !

LE DUC.

C'est très juste, marquis; tu as toujours raisonné supérieurement : qu'on prenne quinze cents millions, et tout sera bien. Nous ferons entendre raison au petit Gascon.

UN ABBÉ.

Messieurs, je vous demande bien pardon de vous interrompre, mais je vous trouve plaisants de vous distribuer ainsi le milliard, comme si nous n'avions pas des droits aussi sacrés que les vôtres. N'avons-nous pas perdu nos biens aussi nous. Le clergé doit marcher avant tout, pour complaire au ciel. Si l'on ne peut, pour le moment, nous rendre entièrement nos biens, dont on nous a si injustement dépouillés, action qui serait bien agréable au ciel, nous devons être les premiers à recevoir l'indemnité.

LE DUC, *en riant.*

Oui, oui, mon cher abbé, on y pensera... l'année

prochaine, peut-être... mais vous devez sentir que maintenant le plus pressé est de rétablir la haute aristocratie. La noblesse avant tout doit reprendre son ancienne splendeur ; d'ailleurs, cher abbé, vos vœux d'humilité, de renoncement aux biens de ce monde...

L'ABBE.

A d'autres, monsieur le duc ; est-ce à un abbé de cour que vous croyez faire accroire ces balivernes : notre renoncement aux biens de ce monde est comme votre amour désintéressé pour l'auguste famille qui nous gouverne. Mais laissons tout ce jargon, fait pour les dupes, et parlons-nous à cœur ouvert. Vous, messieurs les émigrés, grâce à vos manœuvres, vous voilà en majorité dans les deux chambres ; vous voulez vous partager un milliard, et trouvez de fort belles raisons pour prouver que vous seuls devez assister au splendide banquet que vous prépare un ministre complaisant. Une autre fois, dites-vous, on pensera à nous : vaines promesses, évasions maladroites ; dans un an, qui nous assure que ce bon peuple, qui vient si docilement remplir vos caisses, sera aussi prodigue de son or ; ne peut-il pas se lasser ? Vous comptez sur sa bonhomie, mais rien n'est moins certain. Je vous déclare, au nom du clergé, que nous voulons nous asseoir avec vous au splendide festin. Vous savez que votre principale force vient du ciel, ne l'indisposez pas contre nous. Adieu, messieurs; re fléchissez ; souvenez-vous que votre salut est dans nos mains (*L'abbé sort.*)

LE MARQUIS.

Je reconnais bien là l'esprit du clergé : il lui faut des richesses ; la soif de l'or l'a toujours dévoré ; il ne cessera de crier que quand il sera aussi riche qu'autrefois ; cela viendra, il ne faut qu'attendre ; on pensera à lui par la suite : mais d'abord nous devons commencer par nous ; l'intérêt du trône l'exige ; tout ce qui l'entoure doit éblouir par son faste et sa magnificence ; le peuple ne révère que ce qui l'éblouit.

Ce que vous dites là est bien juste, monsieur le marquis, et marque la profondeur de votre jugement (dit un ancien conseiller d'état, réduit à une modique fortune de quarante mille francs de rente); mais convenez que moi, qui ai perdu les deux tiers de ma fortune par la banqueroute des consolidés, je dois avoir part à ce magnifique projet d'indemnité, conçu par ce brillant génie des bords de la Garonne.

LE DUC.

C'est un grand homme !... quelle forte tête ! il va nous donner un milliard, et prouve, clair comme le jour, à tous les esprits bien faits, que ce grand acte de justice n'ajoutera pas un sou aux charges de la France. Monsieur le conseiller, prenez patience, par la suite on trouvera quelques moyens de vous indemniser.

LE CONSEILLER.

Par la suite... Vous vous moquez, monsieur le duc; mais je prétends bien avoir, dès cette année même, ma part de l'indemnité : nos droits sont pour le moins aussi bons que les vôtres. Une pétition adressée aux chambres, et mille pétitions comme la mienne, feront reconnaître à nos vrais défenseurs la justice de notre demande.

LE DUC.

Mais, mon cher conseiller, concevez donc...

LE CONSEILLER.

Mais, mon cher duc, je ne peux pas concevoir... Vous avez perdu vos biens par une loi, injuste si vous voulez, j'en conviens; mais la loi qui a escamoté les deux tiers de ma fortune, hypothéquée sur la bonne foi publique, est-elle plus juste? Sous un gouvernement paternel comme celui de Charles X, toutes les injustices doivent être réparées. Une banqueroute est une action réprouvée par la morale et la religion, vraies bases du salut public : toute société ne pouvant exister sans bonne foi, c'est au gouvernement légitime de nos rois de réparer l'action la plus odieuse qu'ait pu commettre l'anarchie, pour prouver combien il regarde comme sacré tout engagement pris avec lui : un tel acte de justice donnerait plus de force à notre crédit que tous les petits moyens employés par vos grands financiers, dont les cerveaux étroits n'ont jamais calculé que les chances de la bourse.

LE DUC.

Bien, très bien, monsieur le conseiller, vous parlez comme un ange. Mais si on indemnise tout le monde, que nous restera-t-il ?

La satisfaction d'avoir été juste (dit ce grand monsieur pâle et maigre que vous voyez adossé à la cheminée, les mains derrière le dos.)

LE DUC, *en riant.*

C'est un peu romantique ce que vous dites là, mon cher chevalier... Mais comment voulez-vous...?

LE CHEVALIER.

Je veux qu'avant tout l'on soit juste ; je veux que l'on secoure toutes les infortunes... Vous riez ; daignez, messieurs, m'accorder un moment d'attention; vous rirez après.

Je suis le fils d'un riche négociant de Paris. Mon père jouissait de l'estime publique ; modéré dans ses passions, la révolution ne l'avait point fait délirer. Renfermé dans ses occupations commerciales, il faisait des vœux pour le bonheur de la France, qu'il enrichissait par ses nombreuses entreprises. Un soir on frappe à sa porte : « Sauvez-moi, lui crie l'abbé D***, homme généralement estimé par ses vertus évangéliques; sauvez-moi, de grâce : on me poursuit. » A cette époque le glaive sanglant de la loi était suspendu sur tous les prêtres qui n'avaient pas prêté serment au nouveau gouvernement, et sur tous ceux qui leur donnaient asile. Mon père, n'écoutant que la voix sacrée de l'humanité, oublie sa sûreté; il reçoit cette malheureuse victime, la cache pendant plusieurs jours; enfin ce bon prêtre parvient à passer à l'étranger. Mais mon père est dénoncé pour avoir reçu un prêtre sous son toit hospitalier... il est condamné... lui et ma malheureuse mère portent leurs têtes sur l'échafaud, et tous leurs biens sont confisqués. On épargne ma jeunesse ; je perds une fortune de cinq cent mille francs, et je suis élevé par charité par un ami de mon père... Pensez-vous, messieurs les nobles émigrés, que j'aie droit à une indemnité! Cette loi atroce qui me prive de ma famille et de ma fortune, parceque mon père a écouté les droits sacrés de l'humanité, n'est-elle pas une des plaies horribles de la révolution qui doivent être cicatrisées? Des milliers de malheureux sont dans ma position, et l'on oserait écarter ces nobles victimes !

Et nous, s'écrie M. D***, général vendéen; nous qui avons sacrifié toutes nos fortunes pour défendre les intérêts de la royauté; nous qui avons combattu et versé notre sang pour nos princes chéris, tandis que vous, pour la plupart, messieurs les émigrés, vous vous êtes donné la peine de passer à l'étranger pour mendier les secours des autres puissances; croyez-vous, messieurs, que notre voix ne sera point écoutée de notre bon roi? La justice doit nous mettre au premier rang sur la liste des indemnités.

M. ***, *négociant.*

Et le commerce, messieurs, n'est-il pas autorisé aussi à demander des indemnités? Quelles pertes cet odieux maximum ne lui a-t-il pas fait éprouver!

LE DUC.

Eh! messieurs, patience, il faudrait quatre milliards pour contenter tout le monde. Tous ceux qui ont perdu une partie de leur fortune par la dépréciation des assignats hypothéqués sur les brouillards de la Seine n'ont-ils pas des droits comme vous à des indemnités [1]?

M. ***, *négociant.*

Eh bien! qu'on partage le milliard entre tous : pourquoi seriez-vous privilegiés [2]? Si vous aviez lu

[1] Et que répondrons-nous aux justes réclamations de toutes ces villes réduites en cendres pour avoir été fidèles à leur roi!

[2] Notre bon roi est le père de ses sujets; tous sont égaux à ses yeux, il veut que la justice soit toujours écoutée : tous les infortunés ont des droits à ses bienfaits. L'âme généreuse de Charles est émue de toutes les infortunes ; il voudrait pouvoir

les deux nouveaux volumes de notre intrépide archevêque de Malines, et l'excellent ouvrage de M. Lebrun sur les indemnités, vous seriez convaincus par la force de leurs raisons.

LE DUC.

Je ne les ai pas lus, mais j'en ai beaucoup entendu parler : ces ouvrages font du bruit ; on dit qu'ils ne nous épargnent pas. Ils prouvent, dit-on, par une suite de beaux raisonnements, que nous n'avons pas droit à des indemnités ; que cette mesure inopportune est une infraction manifeste aux règles de la justice...

UN BARON, *se levant tout indigné et venant se mêler à la conversation.*

De la justice!... Les pauvres gens, d'où viennent-ils avec leur justice? il s'agit bien de cela. Tous ces barbouilleurs de papier ne veulent rien comprendre. Tous ces illustres champions des libertés du peuple ont à leur disposition une douzaine de grands mots qu'ils fourrent partout, et ils croient avoir convaincu tout le monde quand ils ont crié bien haut, *liberté, justice, intérêt général.* Mais, si nous voulions descendre dans la lice, combien il nous serait facile de les battre avec leurs propres armes. Nous leur dirions : Dans tout gouvernement monarchique il faut

sécher les larmes de tous les malheureux. Il ne peut vouloir sacrifier les intérêts de tous ses enfants à quelques milliers de privilégiés.

une noblesse; cette noblesse doit sans cesse entourer le trône et faire sa splendeur : elle doit donc être riche; dans tous les temps elle a été le corps le plus riche de l'état. Quoi de plus pressé et de plus juste que de lui rendre ces grands biens qui la mettaient à même, dans le bon temps, de faire rejaillir tout son éclat sur la monarchie. (Que répondraient-ils à des raisons aussi convaincantes?) Or, pour parvenir à ce but, éminemment utile, ne faut-il pas que nous ayons des équipages brillants, que nous soyons logés dans des palais, et que nous reprenions cette heureuse influence que donne une grande fortune. Autrefois le bon peuple était à genoux devant nous, parceque sans nous il ne pouvait pas exister : tout était bien alors, et il était heureux. Nos immenses richesses, bien loyalement acquises, comme tout le monde sait, nous donnaient une nombreuse clientèle soumise et respectueuse. Maintenant, que sommes-nous? Nous sommes relégués au troisième étage, et nous allons à pied, tandis qu'un petit marchand demeure au premier et nous éclabousse dans son élégant équipage. On nous voit, dit-on, figurer en majorité sur les listes des grands colléges; mais, pour y paraître, nous sommes obligés de rassembler avec la plus grande exactitude tous nos certificats d'impositions, et encore la malveillance crie de toute part contre la complaisance des ministres. Tous ces journalistes révolutionnaires osent dire que nous sommes encore très riches; et que quand on a dix mille francs de rente, c'est un sort très supportable. Supportable pour vous, libellistes de profession, qui n'avez que du talent et point d'ancêtres. Apprenez donc, petites gens, leur dirais-je, que, pour des hommes comme nous, qui avions autrefois, cent mille écus de rente, dix mille francs ne sont pas le quart de ce que nous volaient nos intendants. Quel rang voulez-vous que nous puissions tenir avec une si misérable fortune! (Que répondre à de pareilles raisons?) Comment veut-on qu'un pareil état de choses puisse durer. Que deviendrions-nous? que deviendrait la monarchie? elle-même s'écroulerait bientôt. Mais heureusement nos grands ministres veillent au salut de l'état; ils savent bien qu'une monarchie ne peut exister sans une noblesse riche et puissante. Leurs noms vont devenir immortels; ils vont sauver l'état. Cette hideuse démocratie, devenue si riche par son industrie, est sur le point de tout envahir. Cette France toute mercantile aura bientôt accaparé toute la fortune publique. La richesse seule faisant la force, ce peuple, devenu bien trop riche et trop dégourdi, voudrait bientôt nous dicter des lois! Accablons-le d'impôts pour l'empêcher de lever la tête, ont pensé nos grands hommes d'état, c'est le seul moyen de le rendre obéissant.

Nous, nobles, nous ne pouvons nous abaisser à nous enrichir par le commerce. Malheureusement, nous le disons avec larmes, il en est parmi nous qui, oubliant leur haute origine, se sont enrichis par ces misérables moyens, dont leurs ancêtres auraient rougi. Que le peuple travaille, c'est bien ; il est né pour cela, comme nous pour commander et vivre à ses dépens.

Voilà les excellents principes qui, seuls, peuvent rendre un état florissant et heureux. Avant cette horrible révolution, dont malheureusement quelques principes sont encore restés dans notre gouvernement, nous possédions des fortunes énormes : ces fortunes, bien légitimement acquises, provenaient des droits de conquêtes que nous avaient donnés nos ancêtres sur le peuple. Eh! quels droits furent jamais plus sacrés! Par grandeur d'âme, nous avions bien voulu permettre à ces peuples conquis par nos illustres ancêtres de racheter leur liberté moyennant des contributions payées en argent ou en denrées ; par ces contributions, nous étions devenus puissamment riches : la révolution supprima la source de nos fortunes, et bientôt après nous vola tous nos biens, parceque, indignés contre ce peuple qui demandait des lois, lassé de porter le bât, nous étions passés chez l'étranger pour mendier des secours pour châtier son insolence. La Providence, qui protège toujours la justice, nous a fait triompher. Maintenant, puisque tout est rentré dans l'ordre, n'est-il pas juste que la nation, qui nous a volé nos biens, doit nous les rendre pour se délivrer de ses remords?

LE DUC.

Ah! baron, que je t'embrasse! Voilà de l'éloquence; Cicéron n'aurait pas mieux dit. Quel raisonnement! quelle logique étonnante! quel profond génie! Auprès de toi, l'ange de l'école n'aurait été qu'un enfant. Allons, viennent maintenant tous ces méchants barbouilleurs de papier, qui veulent toujours innover, nous parler de raison, de justice, d'intérêt général; voilà de quoi mettre en poudre tout ce que pourront enfanter de sophismes tous ces grands génies philanthropiques! Je tombe en admiration quand je pense à la profondeur de tête de nos grands hommes d'état. Quelle mesure plus juste et plus dans l'intérêt général de la nation put jamais sortir des cerveaux humains! quel plan plus admirable pour reconstituer l'aristocratie! Cette pauvre France, déchirée par tant de factions, appauvrie par tant de guerres, tant de sacrifices, va redevenir heureuse, comme elle l'était dans le bon temps, en reprenant ses fers. Nous, nous redeviendrons, grâce à Dieu, immensément riches : à un milliard d'indemnités peut en succéder un autre ; nous ne nous arrêterons pas en si beau chemin, s'il plaît à Dieu. Le peuple reprendra son ancienne obéissance; accablé de travaux pour payer ses contributions, il n'aura pas le temps de se pervertir par ces odieux ouvrages que nous espérons bien faire brûler avant peu, et qui finiraient par bouleverser tout l'ordre social, par leurs dangereux principes de liberté et d'économie. La bienheureuse ignorance va refleurir ! O le bon temps ! le bon temps ! Quel brillant avenir se prépare ! A nous, jésuites ; venez rendre le bonheur à ce peuple égaré ! rendez-le stupide pour qu'il soit obéissant, et que nous puissions vivre ensemble largement à ses dépens. Encroûtez bien les jeunes têtes que l'on va vous confier : quand le peuple raisonne, tout est perdu !

UN FINANCIER ÉTRANGER.

Monsieur le duc, tout ce que vous dites est bien beau ; mais ne vous pressez pas tant de tresser les couronnes pour vos illustres ministres : ce grand acte de justice, si heureusement conçu dans l'intérêt de la France, ne pourra peut-être pas, hélas ! s'accomplir ! Cependant tous les esprits bien pensants en reconnaissent l'utilité. Moi, je dois fournir deux cents millions. Déjà, l'année dernière, les ministres avaient pris des engagements avec moi : quels immenses bénéfices nous devions faire ! quelle belle carrière pour l'agiotage ! quelle riche mine à exploiter ! Mais, hélas ! tout s'évanouit : je tremble que notre première chambre n'ait trop de mémoire. L'année dernière, elle rejeta cette même loi des trois pour cent, replâtrée et représentée. cette année. pour étayer les indemnités. Si elle n'allait pas se laisser prendre à cet artifice si adroit ?

LE DUC.

Rassurez-vous, mon cher financier : la question est bien différente ; il s'agit de mettre un terme à d'illustres infortunes, nous fermerons les yeux. Pour moi, je ne me rappelle jamais ce que j'ai dit d'une année à l'autre....

LE FINANCIER.

Vous ne me rassurez point : cette chambre haute s'illustra, dit-on, l'année dernière, en refusant cette même loi de trois pour cent, qu'elle ne trouvait pas dans l'intérêt général. Je crains qu'elle ne veuille pas se rendre aux excellentes raisons de nos ministres. Toute cette chambre est trop riche, et veut trancher de l'indépendance : elle fait ce qu'elle croit bien, et non ce que les ministres veulent. Vous verrez que cette chambre opposera par la suite au gouvernement la même résistance que vos parlements. Voilà ce que c'est que d'avoir créé la pairie héréditaire. Cette chambre, ouverte à tous les genres d'illustration, voudra toujours se distinguer, et mériter, comme le parlement anglais, la reconnaissance et le respect de la nation, en défendant ses droits.

LE DUC.

Nous n'en sommes pas là, Dieu merci ; vous voyez trop loin dans l'avenir. Cet acte de justice nationale s'accomplira, croyez-moi... D'ailleurs, le Roi le veut, et....

Ne parlons jamais du Roi (dit M.***, député, qui vient d'entrer dans le salon), c'est un être trop élevé; ne le mêlons jamais dans nos débats. Le Roi ne veut que le bien, mais ses ministres peuvent le tromper. S'ils n'avaient qu'à dire, pour faire passer une loi, Sa Majesté le veut, toute discussion nous serait défendue; tous les projets de loi présentés par les ministres passeraient à l'abri de cet auguste nom, et les députés de la nation ne seraient plus que leurs commis. Mais le Roi veut que tous les intérêts soient représentés; il veut que toutes les discussions des lois soient libres, pour connaître ce qu'il est utile de faire pour le bonheur de la grande nation dont il est le père chéri.

Le duc, mécontent de cette réponse un peu verte, fait la grimace, et sort avec le marquis et le baron; le financier les accompagne d'un air soumis et respectueux. Les rapides coursiers du duc les ont bientôt transportés dans cet illustre faubourg, chez la belle marquise de ***, qui leur promet d'employer tous les moyens de séduction dont la nature l'a si abondamment pourvue, pour faire réussir le projet qui doit enrichir tous ses nobles amis.

FIN.

www.ingramcontent.com/pod-product-compliance
Lightning Source LLC
Chambersburg PA
CBHW070427080426
42450CB00030B/1820